Bibliografische Information der Deutschen Nationalbibliothek:

Die Deutsche Bibliothek verzeichnet diese Publikation in der Deutschen National-
bibliografie; detaillierte bibliografische Daten sind im Internet über http://dnb.d-
nb.de/ abrufbar.

Impressum:

Copyright © 2013 GRIN Verlag, Open Publishing GmbH
Druck und Bindung: Books on Demand GmbH, Norderstedt Germany
ISBN: 978-3-668-03481-5

Dieses Buch bei GRIN:

http://www.grin.com/de/e-book/305602/sexualitaet-und-geistige-behinderung-wie-
kann-selbstbestimmung-gefoerdert

Franziska Kraus

Sexualität und geistige Behinderung. Wie kann Selbstbestimmung gefördert werden?

GRIN Verlag

GRIN - Your knowledge has value

Der GRIN Verlag publiziert seit 1998 wissenschaftliche Arbeiten von Studenten, Hochschullehrern und anderen Akademikern als eBook und gedrucktes Buch. Die Verlagswebsite www.grin.com ist die ideale Plattform zur Veröffentlichung von Hausarbeiten, Abschlussarbeiten, wissenschaftlichen Aufsätzen, Dissertationen und Fachbüchern.

Besuchen Sie uns im Internet:

http://www.grin.com/

http://www.facebook.com/grincom

http://www.twitter.com/grin_com

HAWK Hildesheim

Fakultät für Soziale Arbeit und Gesundheit

Studiengang Soziale Arbeit

Sexualität und geistige Behinderung

Seminar: Selbstbestimmung behinderter und psychisch kranker Menschen in Theorie
und Praxis

1

1. Einleitung

Oft wird uns der Eindruck vermittelt, dass unsere Gesellschaft keine wirklichen Tabus mehr kennt. Die Medien sind voll von Menschen, die über intimste Dinge berichten und diskutieren. Sie reden offen über ihre Sexualität und ihre Wünsche und es entsteht der Eindruck als könne man ohne Probleme darüber sprechen. Ich bezweifele das unsere Gesellschaft wirklich so offen ist wie sie in den verschiedensten Medien dargestellt wird. Durch aktuelle Medienberichte bin ich auf das Thema Sexualität und Behinderung aufmerksam geworden. In den Schlagzeilen ist zu lesen das es in einer Einrichtung für behinderte Menschen zu sexuellen Kontakten gekommen sein soll wofür sich die Betroffenen haben bezahlen lassen. Viele Stimmen wurden laut wie Menschen mit einer Behinderung überhaupt Sexualität haben und leben können. Ich möchte nicht weiter auf die Schlagzeile und damit verbundene Reaktionen eingehen, das Thema hat mich aber zum nachdenken gebracht.

Die Menschen mit einer geistigen Behinderung in einer Wohneinrichtung sind in vielerlei Hinsicht den Betreuern, ihren Normen und Werten ausgeliefert. In wie weit ist es für sie möglich ihre Sexualität zu leben? Und vor welchen Problemen könnten sie stehen? Ich möchte in dieser Ausarbeitung genauer auf das Thema eingehen und möchte mögliche vorhanden Probleme und Schwierigkeiten aufzeigen, welche den Menschen mit Behinderung in den Weg gelegt werden. Weiter werde ich an positive Beispiele anknüpfen wie eine gesunde Sexualerziehung aussehen kann und was es für Hilfen und Methoden gibt diese, für Menschen mit einer Behinderung, zu gewährleisten.
Die Ausarbeitung endet mit einem Fazit.

2. Das Recht auf ein selbstbestimmtes Leben

Wenn ich hier schreibe das jeder Mensch das Recht auf selbstbestimmtes Leben hat, so wird mir sicher jeder ohne großes Nachdenken zustimmen. Allerdings gibt es da grade für Menschen mit einer Behinderung immer wieder einige Schwierigkeiten. Was genau bedeutet denn nämlich eigentlich selbstbestimmt Leben?

Der Duden sagt das Wort „selbstbestimmt" bedeutet: *„eigenständig, eigenverantwortlich, nach eigenem Willen".*

(Duden 2011: 976)

Dieses ist bei Menschen mit einer Behinderung schon mal schwierig. Aufgrund ihrer Behinderung können sie oft nicht eigenständig leben und sind ständig auf fremde und wechselnde Hilfe angewiesen. Auch die Eigenverantwortlichkeit bleibt auf der Strecke, oft dürfen sie nicht alle Entscheidungen selbst treffen, da andere Menschen für sie verantwortlich sind oder sich für sie verantwortlich fühlen und wissen was für sie gut ist. Dieses wirkt sich natürlich auch auf den eigenen Willen aus. Aufgrund vieler Umstände kann es sein, das Menschen mit einer Behinderung nicht nach ihrem eigenen Willen leben können. Dieses kann sein da die Struktur des Wohnheimes es nicht zulässt, ihre Betreuer etwas anderes für richtig halten oder im schlimmsten Fall sich der betroffene Mensch nicht äußern kann. Vielleicht weiß der Betroffene auch gar nicht was er will oder das er etwas anderes will, da er unzureichend aufgeklärt ist. Dieses sind nur einige wenige Faktoren welche ein selbstbestimmtes Leben für Menschen mit einer Behinderung erschweren. Diese und weitere Faktoren wirken sich auf alle Bereiche des Lebens aus und erschweren die Selbstbestimmung ungemein. Im Folgenden möchte ich genauer auf den Lebensbereich der Sexuellen Selbstbestimmung eingehen.

(vgl. Weingärtner 2006: 13-14 u. vgl. MOBILE 2001: 31-33)

2.1. Sexuelle Selbstbestimmung

Um aufzuzeigen welch großen Stellenwert die sexuelle Selbstbestimmung in unserem Leben einnimmt möchte ich zunächst mit einer Definition beginnen. Die WHO (Weltgesundheitsorganisation) definiert eine normale sexuelle Gesundheit wie folgt :

„Sexuelle Gesundheit ist untrennbar mit Gesundheit insgesamt, mit Wohlbefinden und Lebensqualität verbunden. Sie ist ein Zustand des körperlichen, emotionalen, mentalen und sozialen Wohlbefindens in Bezug auf die Sexualität[...]. Sexuelle Gesundheit setzt eine positive und respektvolle Haltung zu Sexualität und sexuellen Beziehungen voraus sowie die Möglichkeit, angenehme und sichere sexuelle Erfahrungen zu machen, und zwar frei von Zwang, Diskriminierung und Gewalt. Sexuelle Gesundheit lässt sich nur erlangen und erhalten, wenn die sexuellen Rechte aller Menschen geachtet, geschützt und erfüllt werden. [...]."
(Weltgesundheitsorganisation 2013)

Das bedeutet also dass die Sexualität Bestandteil ist, um sich geistig, körperlich und emotional gesund und selbstbewusst zu fühlen. Eine gute Sexualität kann sich also positiv auf unser Leben und unsere Gesundheit auswirken, gleichermaßen kann sie sich negativ auswirken, wenn bestimmte Bedürfnisse nicht erfüllt sind oder der Mensch mit sich und seiner Sexualität unzufrieden ist.
(vgl. Weltgesundheitsorganisation 2013)

Da es für Menschen mit einer Behinderung oft schwer ist wirklich selbstbestimmt, also eigenständig zu leben und es sich bei der Sexualität um ein sensibles Thema handelt, kann man davon ausgehen das sie oft mit ihren Wünschen und Bedürfnissen alleine sind. Wo genau die Probleme liegen und was auch evtl. für Vorurteile herrschen möchte ich im nächsten Punkt näher erläutern.

2.2. Probleme und Vorurteile

Die Probleme fangen häufig schon in jungen Jahren für die Menschen mit einer Behinderung an. Oft ist es für die gesamte Familie schwer zu akzeptieren, dass ihr Kind eine geistige Behinderung aufweist. Nicht selten zieht sich die Familie gesellschaftlich mehr und mehr zurück um nur wenig Aufmerksamkeit zu erwecken. Möglichst angepasst und unaufmerksam gehen sie durchs Leben und geben aber so auch unbewusst dem Kind zu verstehen das es anders an. Auch kann es passieren, dass die Familie die Pubertät und somit anfängliche Gefühle und Neugierde des Kindes unterdrückt, ignoriert oder sie sogar tadelt und unterbindet. Dieses hat starke Auswirkungen auf die emotionale und auf die sexuelle Entwicklung des Kindes. Es ist schwer sich frei zu entfalten, wenn man merkt das man nicht normal ist und das sich evtl. andere (die Familie) für einen schämen.

(vgl. Geißrig 2003: 14)

Auch im weiteren Lebensverlauf kann es passieren, das davon ausgegangen wird, das Menschen die an einer Behinderung leiden keine Sexualität leben und auch keine Lust auf diese haben. Doch wie oben beschrieben ist Sexualität mehr als nur der reine Akt und natürlich hat auch jeder Mensch mit einer Behinderung eine Sexualität, welche er ausleben möchte.

(vgl. Bosch 2004: 29)

Das Denken, das Menschen mit einer Behinderung keine Sexualität haben, ruht daher, das sie oft nicht als Mann oder Frau gesehen werden. Im Blickpunkt steht dann nicht der Mensch mit seinem Geschlecht, seinen Wünschen, Bedürfnissen und Fähigkeiten, sondern der Mensch mit seiner Behinderung. seinen Defiziten und seinen Problemen die er durch diese hat. Da die Menschen nicht in ihrer Geschlechterrolle gesehen werden, wird das intime Thema Sexualität tabuisiert und ihnen oft nicht anerkannt.
Wird dann doch über das Thema Sexualität und Behinderung gesprochen ist es vielen Menschen unangenehm. In unserer Gesellschaft passt ein behinderter Mensch und seine Sexualität nicht in das geltende Schönheitsideal. Viele können in einer geistig behinderten Frau oder einem

geistig behinderten Mann keinen sexuell anziehenden Menschen sehen. Desweiteren ist der Begriff der Behinderung sehr stark mit Defiziten und Vorurteilen überlastet, so dass es für viele Menschen unangenehm ist diese beiden Themen in Verbindung miteinander zu bringen.

(vgl. Ortland 2005: 40-41)

Ein weiteres Problem ist das Menschen mit einer geistigen Behinderung oft mangelnde Aufklärung erleben. Wie oben beschrieben sind die Eltern froh wenn ihr Kind nicht fragt und ignorieren gekonnt das Thema. Auch in der Schule kann es passieren das dieses Thema nur kurz und oder zu schnell durchgenommen wurde und es die Betroffenen gar nicht aufnehmen konnten. Auch später in Wohnheimen wird das Thema Sexualität, Aufklärung und die damit einhergehenden eigenen Wünsche nur selten behandelt.

(vgl. Bosch 2004: 21)

Nun seien noch die Probleme der Wohnstruktur genannt. Behinderte Menschen wohnen oft in einem Wohnheim mit vielen anderen Bewohnern. Sie haben mit etwas Pech ungünstig gelegene Zimmer wo ein Ausleben der Privatsphäre fast unmöglich ist. Sexualität zu leben, während auf dem Wohnflur vor der Tür ständig Stimmen zu vernehmen sind und andere Hin- und Herlaufen ist schwierig. Häufig haben sie auch noch ein Doppelzimmer und nicht die nötige Privatsphäre um intimen Momenten nachzugehen. Dann kommt es auch noch auf die jeweiligen Mitarbeiter des Wohnheims an. Klopfen sie an die Tür und warten bevor sie das Zimmer betreten? Erlauben sie, dass jemand über Nacht zu Besucht bleibt? Möchten sie dass einer ihrer Bewohner Sexualität auslebt? Vielleicht ist ihnen das selber sehr unangenehm und sie versuchen es zu unterbinden.

(vgl. Ortland 2005: 41)

Die Schwierigkeiten, Probleme oder mögliche Vorurteile für Menschen mit einer Behinderung und ihrer Sexualität sind also vielfältig und lassen sich sicher noch weiter ausführen. Ich möchte im Folgenden aber gerne auf mögliche Hilfen eingehen, wie die Situation derzeit schon verbessert wird und noch weiter verbessert werden kann.

3. Was kann man tun

Was kann man also tun um einen Menschen mit Behinderung eine sexuelle Selbstbestimmung zu lehren? Eigentlich ist die Frage an sich schon überflüssig, da die Frage nach dem „Was kann man tun" eigentlich leicht zu beantworten ist. Man muss dem Menschen das ermöglichen was auch jedem anderen Menschen ermöglicht wird der keine geistige Behinderung hat.

(vgl. Geifrig 2003: 14-15)

Ich möchte im Folgenden kurz auf drei Aspekte eingehen, die wichtig sind um eine sexuelle Selbstbestimmung zu lernen und zu ermöglichen.

3.1. Aufklärung

Sexuelle Aufklärung bedeutet mehr als nur theoretisches Wissen. Sie prägt uns, unseren Körper und unser Körpergefühl. Wenn ich mich und meinen Körper kenne, gibt das Sicherheit, welche sich auch nach außen widerspiegelt und den Menschen ein anderes Selbstbild verleiht.

(vgl. Bosch 2004: 104-105)

Sexuelle Aufklärung muss also bei den Körpervorgängen beginnen und bei Sexualität enden. Dazu gehören unter anderem verschiedene sexuelle Orientierungen, das Recht auf Fortpflanzung und natürlich auch sexueller Missbrauch. Oft wird den Menschen nur kurz in der Schule oder später zufällig durch einzelne Projekte ein Einblick in dieses große Feld gegeben, das ganze geschieht also wenig koordiniert. Wenn sie dann aber geschieht kann sie verschiedene Formen annehmen und ist je nach Situation verschieden und individuell auf das Klientel anzuwenden.

(vgl. Bundeszentrale für gesundheitliche Aufklärung 2010: 5)

Wichtig ist:

- Einfachheit (Verwendung von leichter Sprache)
- Multi-Sinnlichkeit (verschiedene spielerische Methoden)
- Wiederholung (regelmäßige Gesprächsangebote)
- Anschaulichkeit (Bildmedien und Modelle)

- Begreifbarkeit (Gegenstände benutzen)

So kann ermöglicht werden einen Menschen mit einer geistigen Behinderung die bestmögliche Aufklärung zu gewährleisten.

(Bundeszentrale für gesundheitliche Aufklärung 2010: 5)

3.2. Die Rolle der Betreuer

Besonders wichtig in der Rolle eines Betreuers ist es sich über die eigenen Normen und Werte in der Sexualität bewusst zu sein. Dieses ist wichtig um seine eigenen Grenzen zu kennen und diese nicht zu überschreiten. Auch ist es wichtig sich mit den Kollegen darüber auszutauschen. Da wir alle andere familiäre und religiöse Hintergründe haben, hat auch jeder eine andere Einstellung und Beziehung zur Sexualität. Nach solchen Gesprächen ist es für alle Mitarbeiter leichter miteinander in Verbindung zu treten und die Bedürfnisse der Klienten zu erkennen und zu berücksichtigen.

(vgl. Bosch 2004: 27)

Ein weiterer wichtiger Punkt ist die Offenheit des Betreuers. Grade bei intimen Themen wird häufig ein wenig verschleiert geredet, das heißt nicht grade heraus. Wenn Klienten eine Frage haben ist es aber wichtig es in deutlicher und einfacher Sprache zu beantworten, damit der Klient die Chance hat es zu verstehen und zu begreifen.

(vgl. Bosch 2004: 100)

Sollte es den Betreuern nicht möglich sein offen über dieses Thema zu sprechen, ist es wichtig das sie sich dieses eingestehen. Es ist nur allzu menschlich Hemmungen zu haben. Wie oben zu lesen hat ja jeder Mitarbeiter einen anderen Hintergrund und geht ganz anders mit dem Thema um. Wichtig in so einer Situation ist es für die Mitarbeiter sich das einzugestehen und sich von außen eine Person zu holen die solche Gespräche anbietet.

(vgl. Bosch 2004: 101)

3.3. Sexualbegleitung

Ein weiterer wichtiger Punkt für die sexuelle Selbstbestimmung ist die Sexualbegleitung die ich kurz näher vorstellen möchte.

Menschen mit einer geistigen Behinderung sind oft ihr ganzes Leben lang auf andere Personen angewiesen. In jedem Lebensbereich brauchen sie Hilfe und Unterstützung von anderen, so auch im sexuellen Bereich. Dieses Thema ist oft noch tabuisiert, dieses ist auf den ersten Blick auch verständlich, umfasst es doch drei Bereiche die in unserer Gesellschaft noch nicht ganz Normalisiert sind. Es umfasst den Bereich der Behinderung, der Sexualität und der Prostitution. Alle Menschen haben ein Recht auf ein Sexualleben, so natürlich auch die Menschen mit einer Behinderung. Da sie oft nicht in der Lage sind ohne Unterstützung diese zu Leben, gibt es passive und aktive Sexualbegleitung. Je nachdem wie intensiv die Begleitung sein soll und je nach Schwere der Behinderung wird die Sexualbegleitung aktiv oder passiv gestaltet. *(vgl. Krenner 2003: 31-34)* Im Folgenden werde ich auf die Unterschiede der jeweiligen Angebote eingehen und diese Aufführen.

3.3.1. Passiv

„ Passive Hilfe bedeutet, konkrete Voraussetzungen für Sexualität zu schaffen [...] oder auch bezüglich sexueller Praktiken aufzuklären und zu beraten. "
(Krenner 2003: 34)

Erinnern wir uns an die Definition von Sexualität in Kapitel 2.1 von der Weltgesundheitsorganisation und verbinden ihn mit dem obigen Satz, heißt er viel mehr als man auf den ersten Blick vermutet. Denn konkrete Voraussetzungen für Sexualität zu schaffen meint dann nicht nur das rein sexuelle, sondern wirkt sich auch auf weitere Lebensbereiche aus, so auch in der passiven Sexualbegleitung. Es umfasst zum Beispiel die richtige

Körperpflege der betroffenen Personen. Eine Sexualbegleitung kann aufzeigen was nötig ist um sich im eigenen Körper wohl zu fühlen, wie man sich richtig an verschiedenen Körperstellen rasiert und pflegt oder sie kann helfen Dessous zu finden.

Auch kann sie helfen in der allgemeinen Planung von Sexualität. Wo gibt es Freiräume, wo können die Menschen hin, wenn sie in einem Doppelzimmer leben und wann ist dafür eigentlich Zeit.

(vgl. Krenner 2003: 34-35)

Für diese alltäglichen Dinge wäre es nicht unbedingt notwendig eine Sexualbegleiterin zu engagieren, doch wie schon erwähnt, hängt die sexuelle Selbstbestimmung oft mit der Einrichtung und den dort tätigen Mitarbeitern zusammen. Eine außenstehende Person kann die Dinge ganz anders sehen und beurteilen. Sie kann Betroffenen helfen die Sicht der Dinge zu verändern und zu verbessern, sich der eigenen Wünsche bewusst werden.

Passive Sexualbegleitung umfasst aber auch noch anderes. Sie hat eine informierende und beratende Rolle in welcher Fragen auch bis ins kleinste Detail gestellt werden dürfen. Auch können sie helfen Klienten anzuleiten den eigenen Körper kennen zu lernen. Ebenso kann sie eine vermittelnde Rolle haben, zum Beispiel an Prostituierte oder Callboys falls gewünscht.

(vgl. Krenner 2003: 35)

3.3.2. Aktiv

Eine aktive Sexualbegleitung ist dann gegeben, wenn Handlungen oder Hilfestellungen nötig und gewünscht sind und aktiv in sexuelle Situationen eingegriffen wird. Dieses kann aus vielen verschiedenen Gründen und auf verschiedene Arten erfolgen. Es kann bedeuten bestimmte Handgriffe mit den Klienten zu üben oder zu lernen bestimmte Hilfsmittel einzusetzen. Oft wissen Menschen mit einer geistigen Behinderung gar nicht damit umzugehen und auch sich selbst kennen sie aufgrund des fehlenden Körperbildes nicht ausreichend. Eine Sitzung kann also aus vielen Tätigkeiten bestehen, Umarmen, Kuscheln, Massagen, Geschlechtsverkehr, Oralkontakt, eben das, was sich die betroffene Person wünscht und braucht. Ein

Sexualbegleiter soll sich individuell an die Bedürfnisse anpassen. Eine Sitzung und der Kontakt zu einer Beraterin oder einem Berater soll ein Ort sein um Erfahrungen zu machen unter Beachtung der für beide Personen geltenden Grenzen.

(vgl. Krenner 2003: 36-37)

4. Fazit

Es ist leichter Menschen mit einer geistigen Behinderung ihre Sexualität abzusprechen als sich intensiv mit diesen Thema und dem Menschen auseinanderzusetzen. Diese Ausarbeitung hat nur einen sehr kleinen und oberflächlichen Eindruck in ein Thema gegeben mit dem man ganze Bücher füllen kann. Ich denke trotzdem aufgezeigt zu haben, das Menschen mit einer geistigen Behinderung vor sehr vielen Problemen stehen können die sie oft nicht alleine bewältigen können.

Reinhardt Turre, ein deutscher Theologe hat gesagt:

„Chancengleichheit besteht nicht darin, dass jeder einen Apfel pflücken darf, sondern dass der Zwerg eine Leiter bekommt."

Ich finde diesen Satz so treffend, da er perfekt zu diesem Thema passt. Der Satz könnte auch lauten:

„Selbstbestimmung heißt nicht nur, dass wir den Menschen ihr Recht darauf zugestehen, wir müssen sie auch unterstützen, dass sie es in jeder Situation wahrnehmen können."

Die zuletzt vorgestellte Sexualbegleitung zeigt, dass wir auf dem richtigen Weg sind.

a. Literaturverzeichnis

Bosch, Erik (2004):Sexualität und Beziehungen bei Menschen mit einer geistigen Behinderung. Dgvt-Verlag. Tübingen

Duden (2011): Die deutsche Rechtschreibung. Auflage 25. Dudenverlag. Mannheim, Zürich

MOBILE- Selbstbestimmtes Leben Behinderter e.v. (2001):Selbstbestimmt Leben mit Persönlicher Assistenz. Ein Schulungskonzept für AssistenznehmerInnen. Band A. AG Spak Bücher. Neu-Ulm

Weingärtner, Christian (2006): Schwer geistig behindert und selbstbestimmt. Eine Orientierung für die Praxis. Lambertus-Verlag. Freiburg im Breisgau

Weltgesundheitsorganisation. Regionalbüro für Europa (2013): Sexuelle und reproduktive Gesundheit. http://www.euro.who.int/de/what-we-do/health-topics/Life-stages/sexual-and-reproductive-health/news/news/2011/06/sexual-health-throughout-life/definition   (letzter Zugriff am 15.01.2013)

OIrtland, Barbara (2005):Sexualerziehung an der Schule für Körperbehinderte aus der Sicht der Lehrerinnen und Lehrer. Wissenschaftliche Grundlagen, empirische Ergebnisse, pädagogische Konsequenzen. Verlag Julius Klinkhardt. Bad Heilbrunn